AF324456

Le Théatre
des Champs-Elysées

13 et 15 Avenue Montaigne
PARIS

La Comédie.
Maquette de Bourdelle.

LE THÉATRE
DES CHAMPS-ÉLYSÉES

Vue du Théâtre terminé (Cliché composé par l'*Illustration*).

Le "Théâtre des Champs-Elysées"

Dans quelques mois le quartier le plus élégant de Paris sera doté d'un nouveau Palais : le **Théâtre des Champs-Élysées** ouvrira ses portes au public.

M. Gabriel Astruc, Directeur de la Société Musicale — qui depuis huit ans a organisé les plus grandes manifestations théâtrales, les plus somptueuses soirées de bienfaisance et créé en un mot la « Grande Saison de Paris » [1] — a considéré que notre capitale était totalement dépourvue d'un théâtre moderne et pratique.

Partout, à l'Etranger, des salles admirables; chez nous des immeubles surannés, incommodes, malsains. Et depuis quarante ans, aucun théâtre neuf n'avait été construit [2]. Le mouvement théâtral

(1) Voir page 21 la liste des manifestations organisées par la Société Musicale depuis 1905.
(2) Exception faite pour la Salle Favart, reconstruite sur les plans du théâtre incendié.

— 3 —

restait circonscrit entre la place de la République et la place de
l'Opéra, alors que la vie élégante de Paris abandonnait ces quartiers
au grand commerce pour commencer son exode vers l'ouest.

Un théâtre nouveau s'imposait. L'idéal de son fondateur fut de
combiner le confortable anglais avec la technique allemande et le
goût français. C'est à quoi M. Gabriel Astruc est arrivé en créant le
Théâtre des Champs-Élysées qui, à la fin de 1912, s'élèvera
avenue Montaigne sur l'emplacement de l'ancien hôtel de Lillers, [1]
dans le quartier de Paris qui est devenu le véritable centre de la
Capitale.

Le nouvel immeuble se trouve, en effet, en pleins Champs-
Élysées, à proximité de la place de l'Alma, du Bois de Boulogne,
du faubourg Saint-Germain, du faubourg Saint-Honoré, du Trocadéro,
des Invalides, du nouveau quartier du Champ de Mars, de Passy et
d'Auteuil. [2] Il est, de plus, le point de raccord de tous les moyens de
transport : Métropolitain, autobus, tramways, bateaux-omnibus et
chemin de fer.

La Société Immobilière

Pour édifier le **Théâtre des Champs-Élysées**, M. Gabriel
Astruc a constitué, dans une Société anonyme, un premier capital de
3.500.000 francs. Le Président de la Société est M. Gabriel
Thomas à qui M. Astruc a demandé sa collaboration pour assurer
la direction générale de cette grande entreprise [3].

Les principaux actionnaires ont été recherchés par M. Astruc
parmi les personnalités mondaines, financières et artistiques les plus
connues d'Europe et d'Amérique. Citons notamment : Sir Ernest
Cassel, MM. Pierpont Morgan, de Rothschild Frères, le baron
Henri de Rothschild, le comte de Camondo, Arthur Spitzer,
W. K. Vanderbilt, Otto H. Kahn, James Stillman, Georges
Heine, Émile et Henry Deutsch (de la Meurthe), Fontaine de Laveleye.

(1) Ce terrain, d'une superficie de 3.229 mètres a été acquis pour la somme de 2.000.000 de francs.
(2) Voir page 14 le plan de la situation du Théâtre des Champs-Élysées dans Paris.
(3) Le Conseil d'Administration comprend également MM. Victor Bagnès, comte Bronetta
d'Usseaux, Douglas Read, Henry Say et G. Astruc.

le comte Brunetta d'Usseaux, Emile et Fernand Halphen, le marquis
de Polignac, Ed. Nœtzlin, Louis Barthou, Lazare Weiller, baron
Lambert, André Bénac, H. Thors, Ed. Nœtzlin, Percy Peixotto,
comte de Fels, Georges Kohn, James H. Hyde, Gaston et Henri
Menier, Edme Sommier, comte R. de Vogüé, Mme Louis Stern
Mme la marquise de Peralta, Mme J. Paquin, etc.

En apportant leur concours au **Théâtre des Champs-Élysées**,
les actionnaires de cette première Société se trouvent avoir fait un
placement immobilier de tout repos. En effet, l'intérêt de leur capital
se trouve maintenant assuré par la location des deux théâtres créés
dans l'immeuble de l'avenue Montaigne : 1° le Grand Théâtre de
Musique ou **Théâtre des Champs-Élysées** ; 2° le Théâtre de
Comédie ou **Comédie des Champs-Élysées**.

Vue du chantier
en Janvier 1912

(Cliché
Coulon Illustré)

Description de l'Édifice

L'édifice élevé avenue Montaigne, nettement moderne par l'emploi
des matériaux, n'affirme pas moins dans sa simplicité une rare noblesse
de style procédant des meilleures traditions classiques [1].

[1] L'Architecte Administratif de la Société du Théâtre des Champs-Élysées est M. Roger
Bouvard ; M. Van de Velde est Architecte-conseil. M. Milan, Ingénieur de la Société, dirige les services
techniques. MM. Perret Frères, Architectes-constructeurs, sont chargés de la construction de
l'édifice, dont M. Auguste Perret a étudié toute la partie décorative.

La façade, entièrement revêtue de marbre, est un vaste portique de 24 mètres de hauteur sur 24 mètres de largeur, couronné par une frise magistrale du sculpteur E.-A. Bourdelle : *Apollon et les Muses.*

A gauche le Théâtre s'appuie contre l'immeuble voisin : l'hôtel de Lesseps ; à droite s'inscrit une rotonde qui forme l'encoignure d'une petite rue servant de dégagement au Théâtre et de passage pour les artistes.

Les entrées du Théâtre de Musique et du Théâtre de Comédie sont absolument indépendantes l'une de l'autre, et des marquises distinctes permettent, ici et là, de descendre de voiture à l'abri des intempéries. Les deux théâtres peuvent donc être exploités sans se gêner aucunement.

Outre les deux salles de spectacle, on a réservé dans la partie supérieure de la façade, derrière la frise de E.-A. Bourdelle et éclairée par le haut, une galerie destinée à des expositions de peinture et d'objets d'art.

Une usine électrique placée en sous-sol produit le courant nécessaire à l'éclairage de tout l'immeuble, ainsi qu'au fonctionnement des machineries de scène et des ascenseurs.

Les constructeurs ont prévu le cas d'inondation et ont bâti le monument tout entier dans une sorte de péniche en ciment armé, totalement imperméable à l'eau.

Tel est l'Edifice que l'on verra sortir de terre après moins de deux années de travaux, alors qu'il a fallu *sept ans* pour ériger l'Opéra-Comique. Et le prix de la construction de ce palais tout entier n'aura pas atteint trois millions et demi — soit le douzième de ce qu'a coûté l'Opéra.

⊠⊠

Apollon et les Muses, frise de Bourdelle (Esquisse)

Caractéristiques du Théâtre
des Champs-Élysées

La salle du **Théâtre des Champs-Élysées** est conçue avant tout en vue de la commodité du public.

D'abord, les fauteuils d'orchestre sont disposés sur des gradins et en amphithéâtre ; les rangs sont suffisamment éloignés l'un de l'autre pour que l'on puisse circuler entre eux sans obliger les spectateurs à se lever. On aurait pu loger dans la coupe de la même salle plus de trois mille spectateurs. On s'est imposé, dans l'intérêt du public, de ne créer que 1.920 places, mais qui toutes sont d'un confortable absolu. Les fauteuils sont larges et isolés les uns des autres. Chaque siège possède deux accoudoirs. Le supplice du « petit banc » est évité.

La visibilité est parfaite, de toutes les places. Toutes les colonnes qui, dans les loges et les baignoires des autres salles, gênent l'œil du spectateur, ont pu être supprimées grâce à la technique même de la construction : c'est le Théâtre sans points d'appui.

Outre les grandes loges de première, il a été créé une série de loges découvertes qui font suite aux fauteuils d'orchestre, et forment corbeille comme les fauteuils d'amphithéâtre à l'Opéra. Ce principe est emprunté à l'ancien Théâtre Italien, dont il était l'un des grands charmes : la salle, les jours d'abonnement, aura ce caractère d'élégante d'intimité qui fit la fortune du théâtre Ventadour.

Au-dessus de cette première catégorie de places, sont les fauteuils et les loges de secondes et l'amphithéâtre des troisièmes, toujours sans colonnes ni points d'appui. Enfin la salle est couronnée, tout en haut, par une série de petites loges grillagées d'où l'on pourra voir et entendre, sans être vu.

En outre des escaliers, de vastes ascenseurs permettent d'accéder aux étages supérieurs.

Le cadre de la scène, d'une rare simplicité, tire son unique décoration des grandes orgues qui en sont le couronnement.

Point de plafond décoré, mais un bouclier de cristal et bronze derrière lequel sont des projecteurs qui remplacent le lustre. Toute la salle est éclairée doucement par réflexion ; aucune lumière n'est apparente.

La partie picturale de la salle, qui s'inscrit tout entière dans la voussure placée entre les places les plus élevées et le plafond lumineux, a été confiée à Maurice Denis qui, dans une fresque admirable, a peint toute l'histoire de la Musique : les Origines, la Symphonie, l'Opéra, le Drame lyrique. Apollon dominant les Muses et les Grâces fait face à Parsifal au milieu des Filles-Fleurs [1]

Toute l'architecture de la salle est rehaussée de marbre et d'or. Les tentures des fauteuils, des baignoires et des loges seront en soierie de Lyon couleur amarante.

L'orchestre est en contre-bas, comme à Bayreuth et à Munich ; il peut contenir 120 musiciens. On a la faculté de le couvrir avec un plancher mobile les jours où l'on veut donner sur la scène un concert avec orchestre et chœurs.

Les dégagements, par leurs dimensions, sont de véritables foyers. Seule, l'Académie Nationale de Musique en possède de semblables. Un bar, un buffet, un thé et un salon destiné aux dames y sont installés.

Les vestiaires ont été l'une des grandes préoccupations des organisateurs. Des armoires et des porte-manteaux commodes sont

---

(1) Voir pages 10 et 11 les Fresques de Maurice Denis.

places en face et à côté des sorties. Le ticket du vestiaire est attaché au ticket du fauteuil et porte le même numéro. Conséquence : plus d'encombrement dans la salle par les ouvreuses.

La scène a 20 mètres de profondeur, 30 mètres de large et 40 mètres de haut. Sa machinerie, entièrement métallique est mue électriquement ; elle réalise tous les perfectionnements apportés récemment dans les derniers théâtres construits en Allemagne et en Amérique.

Du côté des artistes, même confortable, même esprit pratique. De vastes foyers sont réservés à l'orchestre, aux chœurs et à la danse. Les loges sont installées avec le dernier confort moderne : toilettes de porcelaine, eau chaude et eau froide à volonté, chauffage central.

Le service d'incendie a été étudié avec les précautions les plus minutieuses. Des escaliers et couloirs uniquement réservés aux pompiers leur permettent l'accès à tous les étages de la salle et de la scène. Le gros œuvre de la construction, tout en ciment armé, est d'ailleurs complètement incombustible.

Le chauffage et la ventilation ont été combinés de manière à distribuer l'air froid ou l'air chaud suivant les saisons et à éliminer sans aucun courant d'air, l'atmosphère viciée des salles.

Société d'Exploitation.

M. Gabriel Astruc, désirant transporter dans le **Théâtre des Champs-Élysées** le programme artistique des « saisons » de ces dernières années et conserver aux représentations, par la continuité d'une direction unique, leur haute tenue d'élégance et d'art, a demandé à la Société immobilière de lui consentir un bail de vingt années. Ce bail lui a été alloué pour la plus grande des deux salles et toutes ses dépendances ; tandis que, d'accord avec lui, la salle de Comédie était concédée, pour vingt ans également, à M. Léon Poirier, dont les succès directoriaux sont connus.

M. Gabriel Astruc forme, pour exploiter le **Théâtre des Champs-Élysées**, une Société au capital de 1.500.000 francs divisés

PANNEAUX DÉCORATIFS
de Maurice DENIS

1ʳᵉ Composition : **La Danse.**

Ce panneau se place au-dessus du cadre de la Scène.

2ᵉ Composition : **La Symphonie.**

Ce panneau se place à gauche en regardant la Scène.

PANNEAUX DÉCORATIFS
de Maurice DENIS

3ᵉ Composition : **L'Opéra.**

Ce panneau se place à droite en regardant la Scène.

❈ ❈

4ᵉ Composition : **Le Drame Lyrique.**

Ce panneau fait face au n° 1 et se trouve derrière le public.

en 300 actions de 5.000 francs. Les souscripteurs ont droit à des avantages spéciaux (places numérotées aux répétitions générales ou aux premières, droit d'entrée dans les deux théâtres et droit de pénétration sur la scène). Ce dividende artistique s'ajoute bien entendu au dividende de 5 0/0 prévu par les Statuts et à une part de 45 0/0 dans les bénéfices de l'exploitation [1].

Pour assurer la direction administrative du **Théâtre des Champs-Élysées**, M. Astruc a fait appel à la haute compétence de M Aristide Gandrey, ex-directeur du Théâtre de Monte-Carlo, ancien Administrateur général de l'Opéra-Comique, actuellement directeur des théâtres du " Grand Cercle " et de la " Villa des Fleurs ", d'Aix-les-Bains.

Collaborateurs Artistiques

La mise à la scène des œuvres classiques et modernes sera confiée, suivant le genre de chacune d'elles, à des maîtres dont le nom fait autorité en la matière, tels que MM. Vincent d'Indy, Ernest Van Dyck, Jean de Reszké, Serge de Diaghilew, Reynaldo Hahn, Max Bouvet, etc

Les décors et les costumes, toujours créés, pour chaque ouvrage, par un même artiste, — loi organique, essentielle, désormais établie par l'harmonieuse beauté des spectacles russes, — les décors et les costumes seront demandés tantôt aux innovateurs, eux-mêmes, comme les Bakst et les Golovine, tantôt à des artistes nouveaux qui montreront les ressources insoupçonnées qu'un cadre bien adapté peut apporter à l'art de la mise en scène.

Quant aux autres collaborateurs, chefs d'orchestres, chanteurs, comédiens, virtuoses, chefs de chant, etc., ce seront ceux-là même dont le talent et la célébrité ont contribué jusqu'ici à l'éclat des manifestations organisées par le Directeur de la Société Musicale [2].

(1) Voir page 17.
(2) Voir pages 21 et 22.

Programme d'Exploitation.

Poursuivant la formule théâtrale qui lui a réussi jusqu'à présent, M. Astruc adopte le système des **Saisons**.

1° La **Saison d'Automne** (Octobre, Novembre, Décembre) sera *lyrique*. Trois, quatre ou cinq représentations par semaine. Tous les dimanches, et parfois le jeudi, concert d'orchestre symphonique sous la direction des grands chefs français et étrangers.

2° La **Saison d'Hiver** (Janvier, Février, Mars) sera *dramatique* avec accompagnement d'orchestre, chœurs et ballet. — le principe de l'*Arlésienne* et d'*Esther* à l'Odéon. Le théâtre s'ouvrira également à cette époque à des manifestations d'art étranger, telles que les représentations de la Duse, d'Ermete Novelli, de Sir Beerbohm Tree, etc.

3° La **Saison de Printemps** (Avril, Mai, Juin) sera la *Grande saison de Paris*, avec l'imprévu de ses spectacles sensationnels : Ballet Russe, Étoiles internationales, Pièces à grand spectacle, etc.

4° La **Saison d'Été** (Juillet, Août, Septembre) sera consacrée à la *musique légère*, opérette française, anglaise, viennoise, etc., ou aux grands ballets. — Les recettes d'été sont excellentes aux Champs-Élysées, et seuls les music-halls et les cafés-concerts disputent à l'Opéra la clientèle présente à Paris.

Comme on le voit, le **Théâtre des Champs-Élysées** ne fermera pas. Les jours de repos se distribuent dans le courant de l'année, qui au total comprendra un minimum de 225 spectacles ou concerts.

D'Octobre à Mars, les prix des places viendront s'inscrire entre ceux de l'Opéra-Comique et de l'Opéra : 15 francs le fauteuil. Pendant la « Grande Saison de Paris », les prix varieront suivant les attractions présentées. Bien entendu, il sera constitué des abonnements.

Suivant les évaluations établies en prenant comme base le prix de 15 francs le fauteuil, la recette journalière peut atteindre 21.000 francs pendant la saison normale et 45.000 francs avec les prix de la Grande Saison. [1]

(1) Voir page 22 les recettes de la Grande Saison de Paris de 1909 à 1911.

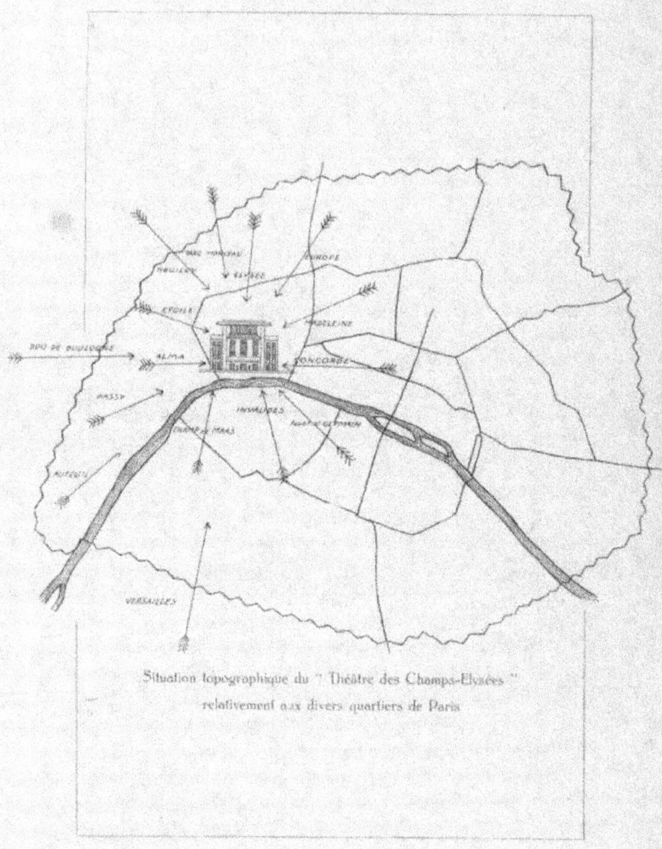

Situation topographique du " Théâtre des Champs-Elysées "
relativement aux divers quartiers de Paris

Conclusion

Tel est le nouveau Palais qui, dès l'automne prochain, viendra réclamer sa place au milieu des théâtres parisiens.

Son apparition, dès longtemps attendue, est considérée comme un véritable événement.

Un homme qui occupe une place considérable dans le monde théâtral parisien, M. André Antoine, directeur de l'Odéon, a fait au **Théâtre des Champs-Élysées** l'honneur de le citer comme la Maison de l'Avenir, et cela en des termes hautement élogieux pour son fondateur [1].

Le public attend avec impatience le jour de l'ouverture et sa curiosité ne sera pas déçue pour les raisons suivantes :

1° Le nouveau Théâtre arrive à son heure ;

2° Il est situé au centre de la capitale et dans le quartier le plus élégant de Paris ;

3° Jamais en France semblables progrès n'ont été réalisés dans la machinerie de scène et dans l'installation de l'éclairage ;

4° Jamais pareil soin ne fut apporté à la réalisation du confortable et de l'hygiène si souvent réclamés par le public ;

5° Une œuvre conçue par des artistes, décorée par des maîtres tels que les Maurice Denis, les Bourdelle, constitue par elle-même une attraction indiscutable.

Enfin, le passé artistique des hommes à qui a été confiée l'exploitation du **Théâtre des Champs-Élysées** est la garantie absolue de la magnificence des spectacles qui seront présentés bientôt dans ce nouveau Temple de l'Art.

---

[1] Conférence faite à l'Odéon sur le théâtre moderne et l'insuffisance des machineries de scène dans les théâtres d'État.

Société d'Exploitation du " Théâtre des Champs-Élysées "
Capital : **1.500.000 francs**
divisé en 300 actions de 5.000 francs

AVANTAGES & PRIVILÈGES

réservés aux

ACTIONNAIRES

a) DIVIDENDES :

1° 5 o/o au Capital actions ;
2° 45 o/o dans les bénéfices de la Société ;
3° Pour chaque action souscrite : Une part de fondateur de la
" Comédie des Champs-Élysées " (Société Léon Poirier et C°),
donnant droit à 10 o/o des bénéfices.

b) PRIVILÈGES :

Pour 2 Actions souscrites :

1° Entrée personnelle à Vie dans le Théâtre des Champs-Élysées ;
2° Un fauteuil aux répétitions générales.

Pour 5 Actions souscrites :

1° Entrée personnelle à Vie dans le Théâtre des Champs-Élysées ;
2° Entrée personnelle à Vie sur la scène pendant les entr'actes ;
3° Deux fauteuils aux répétitions générales.

Pour 10 Actions souscrites :

1° Entrée personnelle à Vie dans la Grande Salle ;
2° Entrée personnelle à Vie sur la scène pendant les entr'actes ;
3° Entrée personnelle à Vie dans le Théâtre de Comédie ;
4° Entrée personnelle à Vie dans la Salle d'Expositions ;
5° Une loge aux répétitions générales.

BUDGET

Frais Généraux Journaliers.

	Dépenses	Recettes
Loyer, patentes, impositions, chauffage, éclairage, téléphones, ascenseurs	1.500	
Personnel administratif & technique	550	
Publicité	280	
Décors & Costumes	440	
Concessions (Buffet, bar, thé, vestiaire, programme, publicité, théâtrophone, photographie, etc.)		550
Sous-location de la salle pour des concerts de solistes, et représentations privées		280
Totaux	2.770	830
Recettes à déduire . . .	830	
Soit, pour les frais généraux, en moyenne Frs .	1.940 par jour.	

SAISON LYRIQUE

Budget Mensuel (pour 23 représentations).

	Dépenses	Recettes
Frais généraux (30 × 1.940)	58.000	
Troupe lyrique régulière	60.000	
Vedettes (1.000 par représentation)	23.000	
Orchestre	30.000	
Chœurs	15.000	
Ballet	10.000	
23 recettes moyennes de 10.000 francs (droits d'auteurs déduits)		230.000
Totaux	196.000	230.000
Dépenses à déduire . . .		196.000
Reste un bénéfice mensuel de Frs .		34.000

ou **102.000** francs pour la Saison Lyrique.

SAISON DRAMATIQUE

Budget Mensuel (pour 23 représentations).

	Dépenses	Recettes
Frais généraux (30 × 1.940)	58.000	
Orchestre, chœurs et ballet réduits	45.000	
Combinaison avec des théâtres de drames pour 23 spectacles dramatiques	27.600	
23 recettes moyennes de 8.000 francs (droits d'auteurs déduits) . . . . Frs .		184.000
Totaux	130.600	184.000
Dépenses à déduire . .		130.600
Reste un bénéfice mensuel de Frs .		53.400

ou **160.200** francs pour la Saison Dramatique.

GRANDE SAISON DE PRINTEMPS

Budget pour 3 mois.

	Dépenses	Recettes
Frais généraux (90 × 1.940) . . . . . . Frs.	174.600	
Supplément de publicité.	50.000	
Orchestre (3 × 30.000)	90.000	
Achat de 20 spectacles à 10.000 francs	200.000	
20 recettes moyennes de 25.000 francs (Droits d'auteurs déduits)		500.000
Organisation de 30 spectacles pour compte de tiers, avec fourniture de l'orchestre et des frais de soirée (30 × 6.000)		180.000
6 grands concerts avec solistes	24.000	
6 recettes moyennes de 20.000 francs (Droits d'auteurs déduits)		120.000
Totaux.	538.600	800.000
Dépenses à déduire		538.600
Reste pour la Grande Saison un bénéfice de Frs.		261.400

SAISON D'OPÉRETTE-BALLET

Budget mensuel pour 30 représentations.

	Dépenses	Recettes
Frais généraux (30 × 1.940) . . . . . . Frs.	58.000	
Orchestre réduit.	15.000	
Achat de 30 spectacles à 2.500 francs. . . .	75.000	
30 recettes moyennes de 5.500 francs (Droits d'auteurs déduits)		165.000
Totaux.	148.000	165.000
Dépenses à déduire . . .		148.000
Reste un bénéfice mensuel de . . . . . . Frs.		17.000
ou **51.000** francs pour la saison d'Opérette-ballet		

CONCERTS SYMPHONIQUES

44 Concerts (Dimanches et Jeudis) du 1ᵉʳ novembre au 31 mars.

	Dépenses	Recettes
Orchestre : 60 répétitions à 600 francs. . . Frs.	36.000	
44 exécutions à 1.200 francs. . . .	52.800	
Solistes (2.000 francs par concert)	88.000	
22 recettes moyennes (Dimanches) de 10.000 frs (auteurs déduits)		220.000
22 — — 5.000 frs (Jeudi) —		110.000
Totaux	176.800	330.000
Dépenses à déduire. . . .		176.800
Reste un bénéfice de . . Frs		153.200

RÉCAPITULATION ET CONCLUSION

D'après les indications des tableaux qui précèdent :

la saison d'automne (lyrique) rapportera . . . . Frs. 102.000
   —   d'hiver (dramatique)   — . . . . . . — 160.200
         de printemps (grande saison) . . . . . . — 261.400
   —   d'été (opérette-ballet) . . . . —   51.000
les concerts symphoniques rapporteront . . . . — 153.200

Soit un total de bénéfices de . . . . Frs. 727.800

***

Les recettes moyennes qui ont servi de base à l'évaluation des bénéfices indiqués ci-dessus ont été établies sur le pied de trois cinquièmes environ du rendement des salles, évaluation évidemment au-dessous de la vérité si l'on considère que l'Opéra-Comique, *jouant tous les jours* dans une salle d'un rendement de 10.500 francs a fait en 1910-1911 des recettes moyennes de 7.300 francs.

D'autre part ces évaluations ont été faites en supposant que le Théâtre des Champs-Elysées n'ouvrirait ses portes que 225 soirs sur les 270 jours des saisons d'automne, d'hiver et de printemps, chiffre qui sera nécessairement dépassé.

Néanmoins et pour mettre les choses au pis, diminuons encore *de moitié* le chiffre des bénéfices indiqués ci-dessus, c'est-à-dire 727.800 frs. et supposons-le réduit à un total de . Frs. 363.000

Sur ce chiffre, il faut prélever :

5 0/0 de réserve . . . . Frs. 18.195
5 0/0 à l'*Amicale* du personnel du théâtre . . . 18.195
5 0/0 de dividende aux actions 75.000
5 0/0 à la Société Immobilière du Théâtre,
  sur la somme excédant 1.200.000 frs
  de recettes . . . . Frs. 83.300   194.690

                    Reste à répartir 169.210

Soit 45 0/0 aux actions . . . . Frs. 76.144 50
  — 45 0/0 au gérant 76.144 50
  — 10 0/0 aux parts de fondateur . . . 16.921 »   169.210

Chaque action recevrait donc :

Intérêt . . . . Frs. 250
Bénéfice 254

Soit, au total **504 francs**, par action de 5.000 francs, c'est-à-dire plus de 10 0/0.

L'Œuvre de la Société Musicale 1905-1912

Depuis l'année 1905, où fut fondée la Société Musicale, M. Gabriel Astruc a organisé à Paris près d'**un millier** de représentations théâtrales et de grands concerts.

Rappelons seulement les plus importants :

Théâtre Sarah Bernhardt

Mai 1905 : Saison Italienne avec M. Sonzogno (12 représentations).
Mai 1906 : Huit représentations de Mme Olga Nethersole.

Nouveau Théâtre

Mai 1905 : Festival Beethoven (4 concerts) ;
Mars 1906 : Festival Mozart (3 concerts) ;
Avril 1906 : Trois Représentations du **Clown**.

Théâtre du Châtelet

Janvier 1906 : Le Festival Anglais de la London Symphony Orchestra ;
Mai 1906 : Festival Beethoven-Berlioz (6 concerts) ;
Mai 1907 : **Salomé** de Richard Strauss (7 représentations) ;
Avril 1908 : Concerts de l'Orchestre de la Philharmonie de Berlin ;
Mai et Juin 1909 : Saison Russe (Opéra et Ballet) (20 représentations) ;
Mai et Juin 1910 : Saison d'Opéra Italien du Metropolitan Opera de New-York (18 représentations) ;
Mai 1911 : Festival Beethoven (5 concerts) ;
Mai et Juin 1911 : **Le Martyre de Saint-Sébastien** de Gabriele d'Annunzio et Claude Debussy (10 représentations) ;
Juin 1911 : Saison de Ballets Russes (8 représentations) ;
Juin 1911 : Représentations d'opérette anglaise **The Quaker Girl** (10 représentations).

Opéra

Mai 1906 : Festival Beethoven-Berlioz ;
Mai 1907 : Concerts Historiques Russes.
Avril 1911 : Concert de Gala J. Kubelik.
Décembre 1911 : Trois Galas de Ballets Russes.
1907 à 1911 : Cinq grands galas de Bienfaisance.

Les Artistes

Parmi les artistes qui ont pris part à ces manifestations citons :

Comme chanteurs : Alvarez, Amato, Anselmi, Baldelli, Bassi, Bouvet, Burrian, Caruso, Chaliapine, Delmas, Feinhals, Fugère, de Lucia, Masini, Muratore, Noté, Renaud, Edouard de Reszké, Rousselière, Sammarco, Scotti, Segurola, Slezak, Smirnoff, Van Dyck.

Mesdames : Alda, Brema, Bréval, Cavalieri, Delna, Destinn, Farrar, Fremstad, Mary Garden, Louise Grandjean, Frieda Hempel, Adèle Isaac, Selma Kurz, Lilli Lehmann, Litvinne, Lipkowska, Melba, Pacini, Tetrazzini, etc.

Drame : Ida Rubinstein, Dudlay, Sergine, de Max, Desjardins.

Danse : Boni, Karsavina, Pavlova, Zambelli, Fokine, Nijinski, etc.

Comme instrumentistes : Busoni, Diémer, Enesco, Kubelik, Kreisler, Paderewski, Planté, Pugno, Risler, Ysaye, etc.

Les chefs d'orchestre : Campanini, Caplet, Edouard Colonne, Camille Chevillard, André Messager, P. Monteux, Arthur Nikisch, Gabriel Pierné, Richard Strauss, Arturo Toscanini, Félix Weingartner, Reynaldo Hahn, etc.

L'orchestre Lamoureux, l'orchestre Colonne, l'orchestre de la Société des Concerts, l'orchestre de la Philharmonie de Berlin, le London Symphony Orchestra.

Les compositeurs Saint-Saëns, Massenet, Gabriel Fauré, Widor, Claude Debussy.

Quelques Recettes

Voici maintenant un aperçu des recettes réalisées :

La **Grande Saison de Paris** a produit en 1909 . . — **522.000** fr.

 —   —   — 1910 .   **884.484** fr.

 —   —   — 1911 .   **745.500** fr.

Les principaux galas de bienfaisance ont produit :

22 Décembre 1907 : Opéra : Gala de **Carmen**, au bénéfice de la Société des Amis de l'Opéra. Recette **40.000** fr.

11 Juin 1908 : Opéra : Gala de **Rigoletto**, au bénéfice des Retraités de la Société des Auteurs. — **152.000** fr.

8 Décembre 1908 : Opéra : Gala au bénéfice des Sinistrés de Stamboul . . . . . . — **79.000** fr.

19 Juin 1910 : Opéra : Gala au bénéfice des sinistrés du « Pluviôse » . . . . . — **182.000** fr.

19 Décembre 1911 : Opéra : Gala pour l'Aviation — **80.000** fr.

LE COMITÉ INTERNATIONAL DE PATRONAGE
du
Théâtre des Champs-Elysées

Pour assurer le succès artistique et la vogue permanente du nouveau Théâtre, M. Gabriel Astruc a eu l'idée de créer un vaste groupement dont le but a été immédiatemen compris et approuvé par les plus hautes personnalités du monde entier : il a fondé le **"Comité International de Patronage Artistique"**.

En effet, si la France a fourni depuis un siècle de grands musiciens et de grands virtuoses qui ont porté aux quatre coins du monde, l'éclat de son génie, par contre les maîtres étrangers presque tous, sont venus demander à Paris leur consécration définitive.

Mais, si Paris exerce sur tous les artistes du dehors une si grande attraction, ceux-ci ont rarement les moyens matériels de venir en France où les relations leur permettant d'y être reçus et fêtés.

C'est pourquoi il a été créé, dans chaque pays, des comités particuliers qui s'intéresseront à leurs compatriotes et les adresseront, sous leurs auspices, à la Direction du Théâtre des Champs-Elysées.

Ainsi les artistes verront leur chemin facilité au lieu d'être parsemé d'obstacles.

Les encouragements les plus flatteurs ont accueilli immédiatement le grand Comité International.

En tête des Comités Nationaux, plusieurs Membres des Familles Impériales et Royales ont accordé Leur Auguste Protection au Théâtre des Champs-Elysées. Citons notamment :

S. M. la Reine des Belges.
S. A. R. la Comtesse de Flandre.
S. A. R. la Princesse héritière de Roumanie.
S. A. I. la Grande-Duchesse Wladimir de Russie.
S. A. R. la Duchesse de Gênes.
S. A. R. l'Infante Marie de la Paz, Princesse de Bavière.
S. A. R. l'Infante Eulalie d'Espagne.
S. A. S. le Prince de Monaco.
S. A. R. le Prince Louis-Ferdinand de Bavière.

Voici les autres adhésions qui sont parvenues jusqu'ici à M. Gabriel Astruc :

Comité Français : S. A. R. Mme la princesse Murat ; Mme de Bénardacky ; Mme la Comtesse du Bourg de Bozas ; Mme la princesse de Brancovan ; Mme la princesse Amédée de Broglie ; Mme la comtesse Jean de Castellane ; Mme la comtesse Adhéaume de Chevigné ; Mme de Croisset ; Mme la comtesse de Fels ; Mme Édouard Fontaine de Laveleye ; Mme la comtesse Greffulhe, présidente de la Société des Grandes Auditions Musicales de France ; Mme Madeleine Lemaire ; Mme Étienne Mallet ; Mme Arthur Meyer ; Mme la princesse de Poix ; Mme la princesse Edmond de Polignac ; Mme la princesse André Poniatowski ; Mme la comtesse Edmond de Pourtalès ; Mme Jean de Reszké ; Mme la baronne Henri de Rothschild ; Mme Louis Stern.

M. Louis Barthou, ancien ministre ; M. Pierre Baudin, ancien ministre ; M. André Bénac ; M. P. A. Chéramy ; M. Henry Deutsch (de la Meurthe) ; M. le marquis de Dion ; M. Jean Dupuy, ancien ministre ; M. Gabriel Fauré, directeur du Conservatoire national de musique ; M. François Flameng, membre de l'Institut ; M. le comte Alexandre de Gabriac ; M. le comte André de Ganay ; M. Fernand Halphen ; M. le comte Eugène d'Harcourt ; M. le comte d'Haussonville, de l'Académie Française ; M. Georges Heine ; M. James H. Hyde ; M. le comte Vincent d'Indy ; M. le chevalier René de Knyff ; M. Georges Kohn ; M. le marquis du Lau ; M. Max de Marande ; M. Massenet, membre de l'Institut ; M. Percy Peixotto ; M. Jules Roche, député ; M. Camille Saint-Saëns, membre de l'Institut ; M. Arthur Spitzer ; M. Ch.-M. Widor, membre de l'Institut ; M. le baron de Zuylen de Nyevelt, président de l'Automobile-Club de France.

Comité Américain : Présidente, Mme William K. Vanderbilt ; Mme John Jacob Astor ; M. Ogden Goelett ; M. et Mme Otto H. Kahn ; M. J. Pierpont Morgan ; M. James Stillmann, etc. etc.

Comité Anglais : Sir Ernest Cassel ; Mme la marquise de Ripon ; M. et Mme H.-W. Higgins ; Mme la duchesse de Portland ; Mme la duchesse de Rutland ; Lady Maud Warrender.

Comité Allemand : S. A. S. la princesse de Hatzfeldt, duchesse de Trachenberg ; S. Exc. M. le comte de Below ; Mme de Friedlander-Fuld ;

S. Exc. M. le comte de Hülsen, intendant g^al des théâtres royaux ; S. Exc. l'intendant g^al baron de Ledebur ; Mme Lilli Lehmann ; M. le Dr Arthur Nikisch ; M. le Dr Otto Neitzel ; M. le baron von Nimptsch ; Mme von Rath ; Mme Cornélie Richter, née Meyerbeer ; S. Exc. M. le comte de Seckendorff ; S. Ex. M. le comte de Seebach ; M. le Dr Richard Strauss ; S. Exc. l'intendant g^al baron de Wangenheim ; M. le Dr Félix Weingartner.

Comité Argentin (en formation).

Comité Autrichien (en formation) : Présidente, S. A. S. Mme la princesse de Metternich-Sándor.

Comité Bavarois : S. A. R. le prince Louis-Ferdinand de Bavière ; S. A. R. l'infante Marie de la Paz, Mme la princesse de Oettingen-Spielberg, née princesse de Metternich ; S. Exc. M. le baron von Speidel, intendant général des théâtres royaux de Bavière.

Comité Belge : S. M. la reine des Belges, Mme la comtesse d'Assche ; Mme la baronne Lambert ; Mme la comtesse Jacques de Liedekerke ; Mme la vicomtesse de Spoelberg ; M. Huffmann ; M. Octave Maus ; M. Charles de Peneranda ; M. Ernest Van Dyck ; M. Eugène Ysaye.

Comité Espagnol : S. A. R. l'Infante Eulalie, Mme la marquise Yvanrey ; Mme la marquise del Merito ; M. le comte de Pradère ; Mme la comtesse de la Vinaza.

Comité Italien : S. A. R. la duchesse de Gênes ; Mme Adeline Patti ; M. le marquis O. Picollelis ; M. le comte Brunetta d'Usseaux ; M. le prince Rofredo Caetani ; M. le comte de San Martino ; M. le duc de Camastra ; M. Carlo Placci ; Mme la comtesse Morosini ; MM. Arrigo Boïto, G. Puccini, Tito Ricordi, Edoardo Sonzogno.

Comité Portugais : M. Manuel de Castro Guimaraes ; M. O'Neill de Tyrone ; M. le comte de Valle Flor.

OPINION D'UN CRITIQUE D'ART

M. Louis Vauxcelles, l'éminent critique d'art du **Gil Blas** a publié en tête de ce journal [1] un remarquable article qui mérite d'être reproduit ici dans son entier :

Le Théâtre des Champs-Élysées

« J'ai vu, de mes yeux vu, ces jours-ci, en plein Paris, le plus harmonieusement beau théâtre contemporain que l'architecture, la peinture et la statuaire intimement unies sous la direction d'un grand « maître de l'œuvre » puissent offrir à nos sens.

Je l'ai vu non en rêve, non sur le papier, écrit en froids lavis, mais réel, vivant déjà.

Je m'explique. Ce théâtre — le Théâtre des Champs-Élysées — n'existe encore, au 15 de l'avenue Montaigne, qu'à l'état de robuste squelette et d'inextricables échafaudages : nous n'y serons conviés par Gabriel Astruc à l'audition d'un chef-d'œuvre de Moussorgski, Wagner, Saint-Saëns, Richard Strauss, Dukas ou Magnard, que vers la fin de cette année. Mais la maquette, très poussée et grande comme une chambre, avec sa noble et pure façade, avec ses frises lyriques d'Emile-Antoine Bourdelle, avec son adorable décoration de Maurice Denis, je l'ai **vue**, dans une petite rue voisine du Trocadéro, chez le mouleur, où m'avait convié Denis.

Mise au point d'un extrême achèvement, la maquette est déjà théâtre. L'électricité y fonctionne. De spirituelles figurines de Mme Laffitte-Désirat emplissent les loges en robes chatoyantes. Le rideau y est indiqué. Indiqué aussi le plafond de cristal.....

Mais procédons par ordre.

Qui a **voulu** ce théâtre ?

Il a fallu, pour mener à bien une telle initiative, la collaboration patiente, ardente, de deux hommes de tempéraments divers, mais qui devaient s'unir et s'entendre. Je ne les nommerai pas. Tout-Paris les connaît. Je vous rappellerai que l'un est un mélomane consommé, un éditeur de

<hr>

[1] Voir **Gil Blas** du 30 Janvier 1911.

musique, un impresario et un organisateur notoire. Nous lui devons quelques-unes des plus belles représentations de ce temps.

L'autre, financier et administrateur émérite, est un lettré et un artiste d'une culture profonde, d'une volonté douce et forte, et d'une modestie ombrageuse. Comme il possède en sa villa le Gladiateur de Bourdelle, et une salle entière due à Maurice Denis, on comprendra sans peine que les choix sagaces de ces deux grands noms aient été aisément agréés.

Les bâtisseurs du Théâtre des Champs-Élysées sont à la fois constructeurs, c'est-à-dire dessinateurs, théoriciens et techniciens. L'élément choisi par ces novateurs rationalistes est le ciment armé, qui présente (quand il est compris et surveillé comme c'est ici le cas), les garanties les plus complètes de stabilité et de sécurité.

Le programme était le suivant : s'inspirer de la pureté du monument antique, en adapter les formes logiques, le style rajeuni, au caractère de la grande ville, se servir de moyens et surtout de matériaux résolument modernes.

Le Théâtre des Champs-Élysées est en béton armé revêtu de marbre blanc. La sévérité du style de la façade donnant sur l'avenue Montaigne sera tempérée par le chatoiement vivant du marbre et rehaussée des sculptures de Bourdelle.

Une marquise fait organiquement partie de la façade. On lit, sur le visage de ce théâtre, la destination des salles intérieures.

Entrons : un vestibule spacieux, des dégagements amples, où les allées et venues s'effectueront en toute aise, où les toilettes de nos Persanes pourront s'éployer (et bientôt peut-être, si la mode évolue), où les femmes de 1915 se pavaneront vêtues de la tunique d'Isadora.

Dans ce hall, l'architecte veut créer un ordre moderne, l'ordre très élancé, svelte et vigoureux du béton armé.

Nous voici maintenant dans la grande salle où se donneront le concert dominical et le drame lyrique. Bien entendu, orchestre en contre-bas (Bayreuth) machinerie et ventilation dernier cri, portants ignifugés, grand secours, chambre de mélange sous le plancher des fauteuils afin de maintenir la salle à une température égale. Tout a été prévu.

L'acoustique ?

Elle a toutes les chances d'être parfaite. L'acoustique d'une salle de spectacle dépend, en grande partie, de la sécheresse des matériaux. La salle

du Conservatoire est exquisement sonore, étant en bois, vraie caisse à vio-
lon; celle du Palmarium aussi, qui n'est pas moins anhydre, tout en fer et
verre. Ici, la carcasse de ciment armé sera garnie de matériaux hypersecs,
terre cuite, marbre, bois. Ce sera une caisse de résonance, trop sonore
peut-être. Mais le public, en la remplissant, matera la sonorité (ce qu'il ne
peut faire, par exemple, dans la déplorable salle du Trocadéro, où l'écho
se répercute à trente-cinq mètres de profondeur).

Dans la grande salle, quatre pylônes montent au faîte. Ces pylônes
jouent un rôle capital dans le plan de la salle. Ils s'expriment et se traduisent
tant en façade principale qu'en façade latérale. Ils soutiennent, sans porte-
à-faux, tout l'organisme, tout l'« individu » architectonique, oserai-je dire ?
Des trémies de ventilation les couronnent.

Pas de lustre aveuglant au plafond. Nous aurons, selon les meilleures
probabilités, un vaste dais, sorte de bouclier bronze et cristal, foyer irradiant
de lumière douce et égale.

Aucune lumière directe ; tout par réflexion, dans le hall, dans les couloirs, dans les loges, qui ne seront pas des cabanons laissant passer le
bout du nez des spectatrices, mais des corbeilles d'où émergera la splen-
deur totale des toilettes...

Autour du dôme, de la voûte de cristal, la grande décoration de Maurice Denis, dont je vais vous parler plus loin. Cinq mètres de haut, soixante-
dix mètres de circonférence. Cette décoration circulaire comprend quatre
segments, quatre panneaux, interrompus et reliés par autant de médaillons
de repos en camaïeu. Un orgue forme l'encadrement de la scène, entouré
de stucatures et de trompe-l'œil, or sur or, de Denis.

Nul danger d'incendie, ni d'inondation. Le sous-sol est une manière
de péniche en ciment armé, et les membrures de cette péniche, en
s'élevant, constituent l'armature de tout le théâtre. Supposez une crue de la
Seine, à l'Alma : le théâtre des Champs-Elysées — s'il y a assez d'eau —
« fluctuabit, nec mergetur ! »

Au-dessus du monument, deux ponts en arc où viennent aboutir les
pylônes de la grande salle. C'est au tablier de ce pont que sera suspendue
la coupole de cristal. Surmontant la salle, une salle de répétitions entre les
deux ponts. Un second théâtre intérieur, plus restreint de dimensions (comédie légère et conférences), comporte, lui aussi, tout en haut, sa salle de
répétitions.

La sculpture de Bourdelle : vingt et une figures de marbre ; cinq bas-reliefs divisés, au-dessus des entrées principales et latérales. Sujets élus : la Danse, la Musique antique et moderne, la Comédie et la Tragédie antique et moderne. A dix-huit mètres de haut, une frise : Apollon et les Muses. Quel thème pour le ciseau et le génie d'un Bourdelle !

Mais venons à Denis.

L'intelligence merveilleusement claire et ordonnée de Maurice Denis a conçu ceci : Narrer au moyen de symboles plastiques l'histoire de la Musique en quatre fresques : la **Danse**, la **Symphonie**, l'**Opéra**, le **Drame lyrique.**

La **Danse** : un décor méditerranéen, de joie et de lumière. Les flots indigo, des palmiers et des pins... L'aurore se lève au-dessus d'un temple. Apollon devant la mer contemple des cortèges de nymphes dansantes, nues ou demi-drapées, les mains hautes (cf. *Danses d'Alceste*, Denis, 1904). Un peu plus loin, la bacchanale orgiaque, échevelée, de Dionysos et des Ménades. Harmonie rose, mauve, orangée.

La **Symphonie** : Décor mystérieux d'une forêt bruissante. A gauche, Beethoven mène le chœur de ses neuf filles immortelles. A droite, le groupe Bach. Au centre, deux figures pathétiques, la « Messe en si », douloureuse, la « Messe en ré », plus sereine. Puis, Haydn ; et, discrètement évoqués, les masques rieurs du **Carnaval** schumannien.

L'**Opéra** : Le décor s'est humanisé, mondanisé ; la nature est « arrangée ». C'est Versailles, ses balustrades, ses quinconces. Les costumes du grand siècle : casques, glaives, chlamydes, jupes à paniers, poudres à frimas. Monteverde, le chevalier Glück, Lulli. Puis Rameau, et le groupe Mozart : Don Juan lutinant Zerline, Papageno, de la *Flûte*, avec son diadème de feuillages, le *Freischütz*... Harmonie de turquoise verdissante (et les bleus du *Soir Florentin*, « Salon d'Automne » 1911).

Le **Drame lyrique** : C'est la plus importante des quatre fresques. Au centre, Parsifal élevant le Graal. A gauche du groupe Wagner, le groupe Berlioz, les *Troyens*, la « Course à l'abîme ». A droite, en pendant au romantisme, la renaissance franckiste. Psyché. Le vol des Béatitudes anime le ciel. Une Mélisande éplorée. Par terre, familièrement, une Manon amoureuse ; non loin du groupe russe où bondit Nijinsky, vêtu de pourpre cramoisie, le groupe réaliste, Bruneau, Charpentier.

Dans les médaillons, de ravissantes vierges, joueuses de cithare, de

théorbe, de violes : la Musique palestrinienne, l'Orgue, la Sonate, la Can-
tate, selon l'esprit des célèbres chambres de musique du comte Kessler à
Weimar, de l'hôtel Mutzenbacker à Wiesbaden, de l'hôtel Charles Stern à
Passy.

Ce sera, je crois, le chef-d'œuvre de Maurice Denis. Quel chemin
parcouru par ce Maurice Denis depuis 1892, où il débutait, affilié à la
petite troupe ésotérique des nabis avec Sérusier, Vuillard, Bonnard, Rous-
sel et le regretté Ranson ! C'était l'ère des gaucheries adorables, du manié-
risme puéril, du giottisme cézannien, des décors brossés pour Dujardin,
pour le « théâtre d'Art » de Paul Fort.

Vingt ans ont passé. Voici de splendides orchestrations plastiques :
la discipline italienne, la méditation ombrienne, ont mûri son talent. Il a
peuplé d'arabesques expressives vingt murs, l'église paroissiale du
Vésinet, les demeures d'Ernest Chausson, Denis Cochin, Henri Lerolle,
Charles Stern, Gabriel Thomas. Il est, selon le mot d'Adrien Mit-
houard, « le décorateur le plus déterminé de notre temps ». Vénusté,
joie persuasive, harmonie, aisance, plénitude, chasteté et santé. Un style
personnel comme Nicolas Poussin, Ingres, Chassériau, Puvis, Renoir,
Maillol. Des gammes de coloration d'une richesse et d'une délicatesse infi-
niment modulées et nuancées.

On lui confie la parure du plus beau théâtre moderne. On a eu
raison.

Louis Vauxcelles.

Imprimerie J. ARAGNO
4, Place J.-B.-Clément
PARIS

THÉATRE DES CHAMPS-ÉLYSÉES

GRANDE SALLE

FAUTEUILS ET BAIGNOIRES

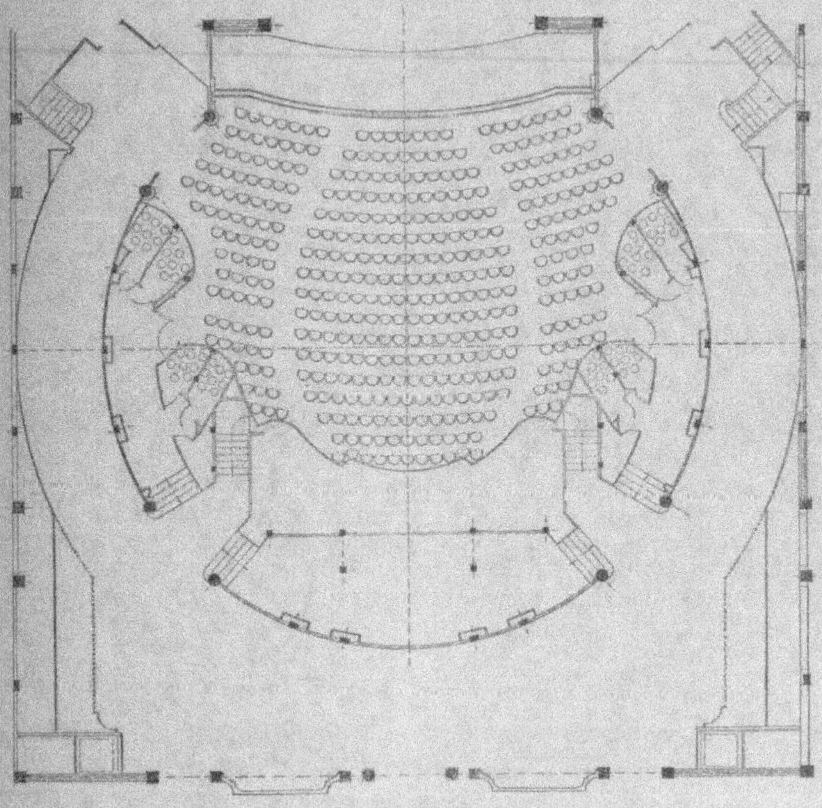

ENTRÉE

THÉATRE DES CHAMPS-ÉLYSÉES

GRANDE SALLE

GRANDES LOGES, LOGES DÉCOUVERTES ET FAUTEUILS DE BALCON

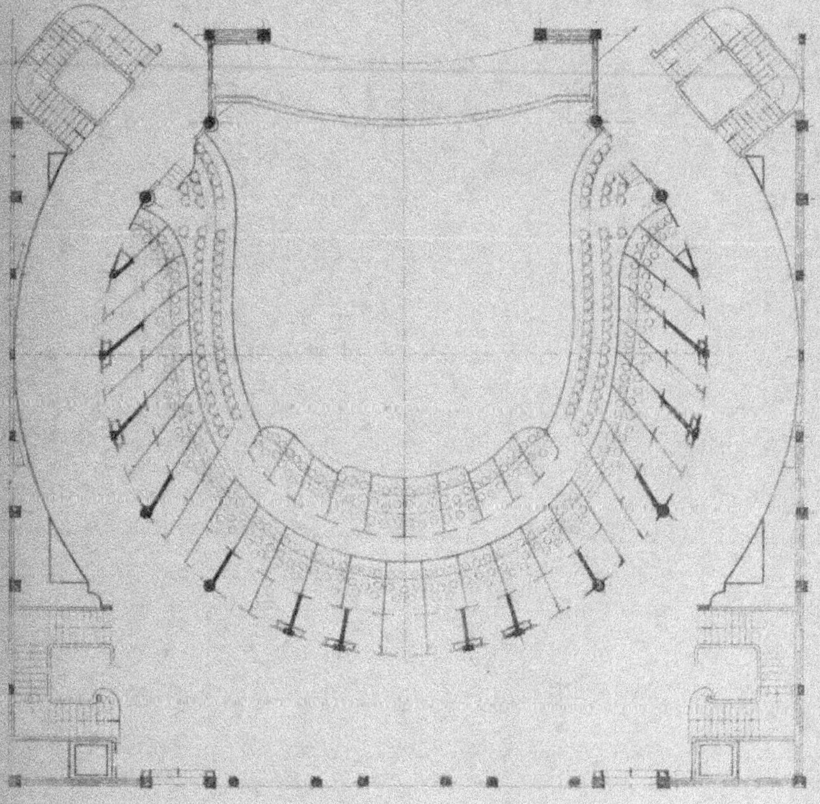

THÉATRE DES CHAMPS-ÉLYSÉES

GRANDE SALLE

LOGES ET FAUTEUILS DE 1er BALCON

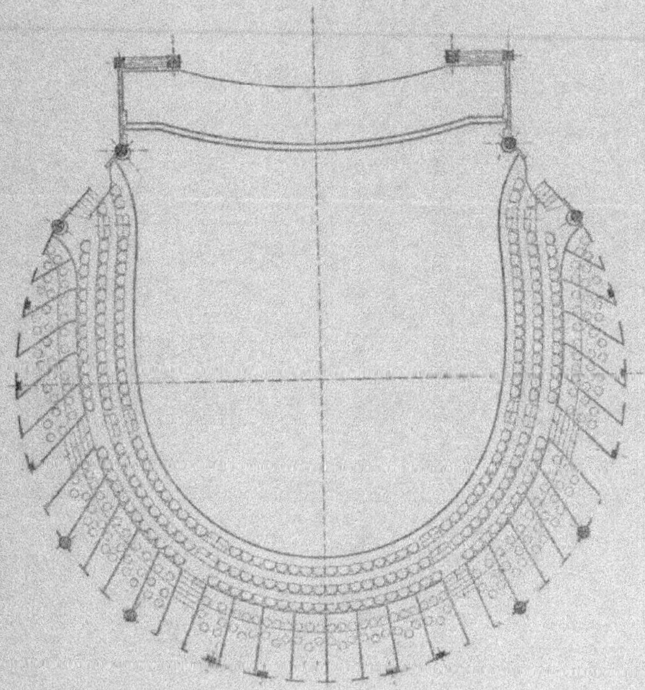

THÉATRE DES CHAMPS-ÉLYSÉES

GRANDE SALLE

FAUTEUILS DE 2e BALCON

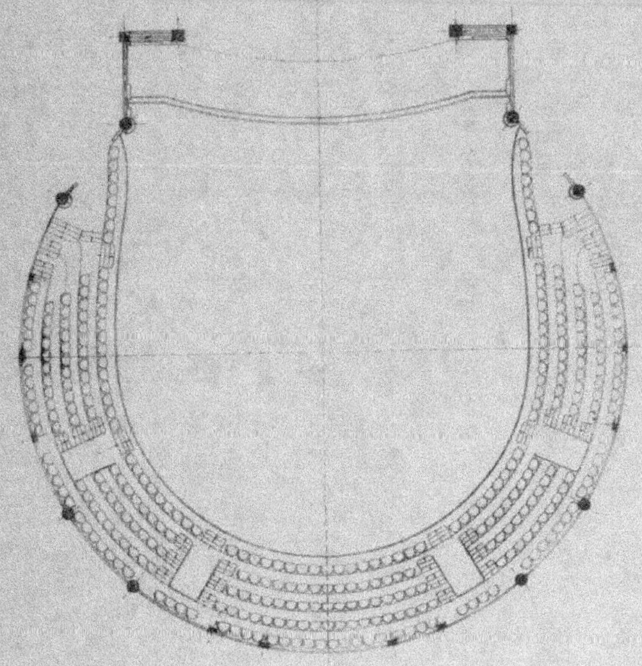

Imprimerie J. ARAGNO
4, Place J.-B. Clément
PARIS